MÉTHODE INGÉNIEUSE
POUR
APPRENDRE A LIRE ET A ÉCRIRE
EN PEU DE TEMPS,

AUGMENTÉE

DE LA MANIÈRE D'ÉCRIRE LES LETTRES, SUIVIE DE MODÈLES DE PROMESSES, QUITTANCES ET AUTRES ACTES SOUS SEING-PRIVÉ, DE LA MANIÈRE DE DRESSER LES PÉTITIONS, DES QUALITÉS QUE L'ON DOIT DONNER, ETC.

AVEC

La division de la France en quatre-vingt-six départemens, le nom de chaque chef-lieu, une table de Multiplication, les quatre Règles, et la Tenue des Livres.

COMPOSÉE PAR

Mme Ve **de LAURET**, née SUDRÉ, Femme ARRATA,

Institutrice du degré supérieur brevetée par l'académie de Toulouse.

AVIGNON,
IMPRIMERIE DE JACQUET ET JOUDOU, RUE ST-MARC, 18.

1840.

Je déclare contrefait tout exemplaire qui ne sera pas revêtu de ma signature, et je poursuivrai les contrefacteurs devant les Tribunaux. Les exemplaires voulus par la loi ont été déposés.

Mme de Lauret, femme Arrata.

1ᵉʳ EXERCICE.

Sons simples ou voyelles simples.

A a *a*
a-mi.

A â *â* (*)
â-ne.

E e *e*
m*e*-su-r*e*.

É é *é*
m*é*-ri-t*é*.

È è *è*
m*è*-re.

Ê ê *ê*
m*ê*-ler.

I i *i*
m*i*-d*i*.

Y y *y*
s*y*-co-mo-re.

O o *o*
p*o*-li.

O ô *ô*
p*ô*-le.

U u *u*
b*u*-tin.

U û *û*
b*û*-che.

(*) accent aigu (ʹ); — grave (ˋ); — circonflexe (ˆ).

2ᵐᵉ EXERCICE.

Articulations ou consonnes simples.

B b
bom-*be*.

C c

K k
pi-*que*.

P p
pi-*pe*.

Q q

G g
fi-*gue*.

J j
je.

D d
li-qui-*de*.

T t
ten-*te*.

F f
gi-ra-*fe*.

V v
ri-*ve*.

L l
u-ti-*le*.

R r
au-*ro-re*.

M m
da-*me*.

N n
trô-*ne*.

S s
dan-se.

Z z
bron-ze.

X x
fi-*xe*.

3ᵐᵉ EXERCICE.

Articulations variables.

C *comme* S, *devant* e, i, y :
ce-ci, ci-té, cy-gne.

C *comme* S, *devant* a, o, n :
fa-ça-de, fa-çon, re-çu.

G *comme* J, *devant* e, i, y :
ju-ge, rou-gi, Egypte.

GE *comme* J, *devant* a, o, u, au, oi :
il ran-gea, pi-geon, ga-geure, rou-geaud, man-geoi-re.

T *comme* S, *devant* ion, ieux, ient, ial :
na-tion, mi-nu-tieux, pa-tient, mar-tial.

S *comme* Z, *entre deux voyelles* :
ru-sé, dé-sir, re-po-soir, ro-se.

X *comme* G S   **X** *comme* Z :
ex-emple.   di-xaine.

H *muette*,   **H** *aspirée*,
l'hom-me,   le han-ne-ton.

Sentences.

A do rez Dieu.
Ai mez vo tre pè re et vo tre mè re.
Ren dez-vous u ti le à vos sem bla bles.
Ap pre nez dans vo tre en fance.
La ver tu rend les hom mes heu reux.
Le vi ce fait leur mal heur.
Il faut d'a bord ê tre jus te.
On doit res pec ter la pro prié té d'au trui.
L'hu ma ni té est un de voir pour tous les hom mes.
L'hom me bien fai sant est l'i ma ge de Dieu sur la ter re.
So yez mo des te.
L'hon neur con sis te dans la no bles se des sen ti mens.
La so bri é té en tre tient la san té.
La pru den ce con siste à con cer ter ses dé mar ches a vec sa ges se.
Le cou ra ge est la ver tu des Fran çais.
Il faut a voir de la pa tien ce.
Gar dez in vio la ble ment vo tre pa ro le.
Ne men tez ja mais , car le men son ge est af freux.
Mon trez de la dou ceur et de l'in dul gen ce.
Frè res et sœurs ai mez-vous ten dre ment.
La po li tes se fait es ti mer les jeu nes gens.
La pro di ga li té rui ne et dés ho no re.
Le meur tre est hor ri ble.
Ne dé ro bez rien.
Le pa res seux tom be sou vent dans le be soin.
So yez la bo rieux et vous vi vrez.
Ne mé pri sez per son ne.
Tout or gueil est fort sot.
Si l'on vous of fen se , mé pri sez l'in ju re.
L'hu meur rend maus sa de.
L'a va ri ce a vi lit et dés ho no re.
L'in gra ti tu de est af freu se.
Ne por tez en vie à per son ne.
La mé di san ce trou ble la so ci é té.
La flat te rie est lâ che.
La tra hi son est un crime.

NOTIONS SUR LE MONDE.

Les anciens comptaient quatre élémens, savoir : *le Feu*, *l'Air*, *l'Eau*, *et la Terre*.

On est parvenu à décomposer l'eau et l'air.

Les étoiles sont des globes immenses et lumineux ; elles ne se voient pas pendant le jour, parce que leur lumière est plus faible que celle du soleil ; elles nous semblent petites, à cause de leur éloignement.

La lune tourne autour de la terre dans l'espace de 29 jours et quelques heures.

La lune est plus petite que la terre : elle nous paraît plus grande que les étoiles, parce qu'elle est très-près de la terre.

La lune perd sa lumière lorsque la terre se trouve entre elle et le soleil. C'est ce qu'on appelle éclipse de lune.

La terre est composée de cinq parties, qu'on appelle : *Europe*, *Asie*, *Afrique*, *Amérique et Océanie*.

La partie de la terre exposée aux rayons du soleil jouit de la lumière ; le côté opposé est dans l'ombre.

La terre tourne autour du soleil dans l'espace de 365 jours 6 heures. La durée de ce mouvement forme l'année.

La terre est couverte d'animaux de toute espèce : les uns volent, les autres rampent ; beaucoup marchent ou gravissent.

Le fer, le cuivre, l'or, l'argent, le plomb, la pierre, l'ardoise se trouvent dans la terre.

En creusant à une certaine profondeur, on trouve dans la terre des masses de charbon dont se servent très-utilement les serruriers, et avec lequel les peuples du Nord se chauffent.

La mer est une grande étendue d'eau salée qui entoure les masses de la terre.

Les hommes ont senti de bonne heure la nécessité de se communiquer, soit les productions de la terre, soit le fruit de leur industrie ; pour cela ils ont imaginé de construire, avec des planches, des vaisseaux à l'aide desquels ils traversent les mers.

La mer est couverte de petites portions de terre qu'on appelle des îles.

La mer est entraînée dans l'espace de 24 heures, du midi au nord. Elle s'élève tantôt plus, tantôt moins, sur les côtes ; ce mouvement s'appelle le flux. Le reflux n'est autre chose que la mer qui se retire pour prendre son niveau.

La lune a une grande influence sur ce déplacement continuel. On croit d'après Newton, qu'elle attire les eaux et les élève. Le soleil produit le même effet.

Il y a dans la mer une quantité considérable de poissons qui diffèrent par leurs formes et par leur grosseur. Beaucoup de ces poissons servent de nourriture à l'homme.

Les hautes montagnes sont presque toujours couvertes de neige, même pendant les plus grandes chaleurs.

Les rivières prennent leur source dans les montagnes, puis elles se jettent les unes dans les autres, ou elles vont se réunir à la mer.

Le commencement d'une rivière s'appelle sa source ; la fin, son embouchure.

Les nuages sont composés d'eau que le soleil attire à lui. Cette eau réunie est portée par l'air et agitée par les vents ; elle tombe ensuite en gouttes. C'est ce qui forme la pluie.

Toutes les eaux de la terre sont attirées dans l'air par l'action du soleil, ce qui forme un mouvement continuel.

Le vent n'est autre chose que l'air déplacé et mis en mouvement.

L'air est chargé d'un grand nombre d'insectes, dont les plus connus se nomment mouches.

Les nuages nous dérobent souvent le soleil ; ils en modèrent aussi la chaleur.

Tous les hommes ne sont pas blancs. Il y en a de noirs, de basanés, etc.

Les hommes se sont réunis en société. Chaque société, qu'on appelle nation, occupe une portion de la terre ; chacune aussi a son nom particulier.

Les lois, les langues, les coutumes varient comme les noms et les positions des peuples.

On appelle culte les cérémonies et les usages employés par les peuples pour rendre hommage à la divinité.

Le commerce entre les nations est un échange réciproque de denrées et d'effets.

La monnaie dont se servent les hommes est un objet de pure convention. Chaque nation a la sienne sous des formes et des valeurs différentes.

MANIÈRE
D'ÉCRIRE LES LETTRES.

LETTRE D'UN FILS A SON PÈRE.

Mon cher père,
Toutes les lettres que je reçois de vous m'étant autant d'instructions pour ma conduite et mon éducation dans les bonnes mœurs, je me persuade bien aussi que je ne puis mieux faire que d'en suivre les maximes ; c'est à quoi je travaille de mon mieux. Si je ne vais pas si vite que je souhaiterais pour votre satisfaction et mon avantage, au moins je fais mon possible pour cela, n'ayant point de plus forte passion que celle de vous contenter, et de vous marquer, par ma soumission et mon obéissance, que je suis, mon très-cher père,
Votre très-respectueux fils.

AUTRE.

Mon très-cher père,
J'ai reçu avec beaucoup de joie la lettre que vous m'avez fait l'honneur de m'écrire, par laquelle vous m'apprenez que vous êtes en bonne santé. Votre silence commençait à m'inquiéter, car vous n'avez pas coutume de laisser passer un temps si long sans m'écrire. Je suis ravi que vous ayez réussi dans l'affaire dont vous me parlez, puisque c'est votre satisfaction. Je n'aurai d'autre volonté que la vôtre. Pourvu que vous soyez content, je m'estimerai le plus heureux de tous les hommes. Vous n'avez pas une santé bien affermie, et je crains qu'un travail pénible ne soit capable de l'altérer : ménagez-vous donc, je vous en prie, pour une famille à qui vous êtes nécessaire, et surtout conservez-vous pour un fils dont la vie dépend de la vôtre, et qui est, avec un très-profond respect, mon très-cher père, Votre, etc.

LETTRE D'UN FILS A SA MÈRE.

Ma très-chère mère,
Je vous suis très-sensiblement obligé des bons avis que vous me donnez, et vous promets que je les suivrai fort soigneusement : je suis ravi que vous soyez en parfaite santé. La lettre que vous m'avez fait l'honneur de m'écrire m'a été d'une grande consolation dans le chagrin que j'ai de me voir éloigné de vous. J'accepte avec plaisir l'offre que vous me faites de pourvoir à mes petits besoins ; je m'adresserai à vous plus librement qu'à mon père. Vous savez qu'un jeune homme a toujours besoin d'argent ; je vous promets que je ne ferai pas un mauvais usage de celui que vous m'enverrez. Je désire que mon éloignement ne diminue point votre amitié et votre tendresse pour moi ;

j'aurai toujours le même attachement et serai toute ma vie, avec un profond respect, ma très-chère mère, votre.....

LETTRE D'UNE FILLE A SA MÈRE.

Ma très-chère mère,

Le chagrin que je ressens de me voir éloignée d'une si tendre mère augmente à chaque moment. Malgré tous les soins et les égards qu'on a ici pour moi, je suis d'une si noire mélancolie que je me rends insupportable à moi-même. J'ai remis, en arrivant, la lettre dont vous m'avez chargée en partant pour Mme...., laquelle m'a fait beaucoup de politesses. J'aurais tout lieu d'être contente, si je n'étais pas séparée de vous. Ce qui me donne une espèce de consolation, c'est que j'espère de m'entretenir avec vous par mes lettres. Le soin que je cherche à prendre pour vous contenter par toutes mes actions, me donne lieu de croire que vous voudrez bien m'aimer toujours, et me considérer toujours comme une fille qui sera toute sa vie, avec infiniment d'amour, de tendresse et de respect, ma très-chère mère,   Votre respectueuse et obéissante fille.

LETTRE D'UN FRÈRE A UNE SOEUR.

Ma très-chère sœur,

Vous voulez bien que je vous reproche votre silence, mais je l'attribue à vos affaires. J'aurais cru que le mariage n'aurait point altéré l'étroite amitié qui a toujours existé entre nous. Quoique nous soyons un peu éloignés l'un de l'autre, je ne crois pas que cela doive causer un pareil oubli, d'autant plus qu'on peut s'entretenir par lettres. Ne soyez pas fâchée, je vous prie, ma chère, de ce petit reproche, et croyez qu'il ne part que d'un fond de tendresse que j'ai toujours conservé pour vous, et qui sera éternellement gravé dans mon cœur ; je vous prie d'en être persuadée, et comptez que je suis toujours avec tendresse, ma très-chère sœur,   Votre frère, etc.

LETTRE POUR SERVIR DE RÉPONSE.

Mon cher frère,

Ne m'accusez point, je vous prie, de froideur. Si j'ai gardé le silence jusqu'à présent, et si je ne vous ai pas donné de mes nouvelles, c'est qu'une petite indisposition qui m'est survenue m'en a empêchée. Vous m'avez prévenue : j'allais vous écrire quand j'ai reçu votre lettre. Vous pouvez être assuré que l'éloignement ne sera jamais capable d'altérer l'amitié que j'ai pour un frère dont le souvenir m'est si cher, qu'il fait toute ma félicité. Il est vrai que les soins du ménage occupent beaucoup l'esprit ; mais malgré tout cela, il n'y a pas d'occupation qui puisse m'ôter le souvenir de l'étroite amitié que nous avons toujours eue et que je garderai tout le temps de ma vie. Je ne vous veux pas de mal du reproche que vous me faites : au contraire, cela me rappellera mon devoir envers un frère à qui j'ai de l'obligation ; je m'oublierai plutôt moi-même que de vous oublier jamais, et je suis avec la plus tendre amitié, mon très-cher frère, votre sœur, etc.

MANIÈRE DE DRESSER DES PÉTITIONS.

A LL. MM. ROYALES.

Et les qualités que l'on doit employer en tête des diverses suppliques que l'on veut présenter ou adresser aux Maréchaux de France, aux Ministres et à tous les Chefs d'administration.

Lorsqu'on adresse une pétition à Sa Majesté, pour une demande ou réclamation quelconque, on met en tête ces mots :

A SA MAJESTÉ LE ROI.

(On met la date en tête.)

Ensuite on écrit à une distance un peu éloignée de l'adresse :
SIRE,

Le très-respectueux sujet de Votre Majesté, etc. On motive la demande et l'on termine ainsi :

Agréez, Sire, les sentiments de respect et d'obéissance avec lesquels votre fidèle sujet est, de Votre Majesté, le très-humble et très-soumis serviteur,

(On signe et on met son adresse.)

Nota. Il faut faire ensorte que la pétition ne contienne qu'une page, afin d'éviter de tourner le feuillet. L'écriture doit être à deux pouces de distance du blanc. Telle est, en général, la manière dont doivent être faites les pétitions, soit pour être adressées ou remises par soi-même. Lorsqu'on les remet, soit au portier ou à toutes autres personnes chargées de remettre, soit par la poste du gouvernement au Carrousel, elles doivent être mises sous enveloppe avec les qualités des personnes à qui elles s'adressent.

PÉTITIONS EN GÉNÉRAL.

A SON ALTESSE ROYALE, MONSIEUR,
A SON ALTESSE SÉRÉNISSIME,
A MONSEIGNEUR LE DUC D'ORLÉANS.

Modèles de Lettres de change, Billets, Promesses, Quittances, etc. Lettre seule reçue pour valeur comptant, à 8 jours de vue.

Paris, le   Bon pour trois mille francs.
Monsieur,

A huit jours de vue, il vous plaira payer, par cette seule de change, à M. Joseph Bondin, de cette ville, ou à son ordre, la somme de trois mille francs, valeur reçue dudit sieur, en deniers comptants, que passerez en compte, suivant avis de votre, etc.

A M. Méranger, demeurant à Tours.

Ces mots *suivant avis* supposent que M. Méranger ne doit ni payer ni accepter ladite lettre, que Nicolas ne lui en donne avis ; et si Nicolas manque de le faire, la lettre sera protestée, Nicolas en supportera les frais.

MODÈLES DE BILLETS.

BILLET A ORDRE.

Je payerai dans trois mois, à l'ordre de M.   marchand, la somme de   , pour marchandises qu'il m'a fournies.
A Nantes, le 18 septembre 1840.

BILLET AU PORTEUR.

Je payerai au porteur la somme de   , valeur reçue comptant de M....   Fait à   le   an   pour ladite somme.

Ainsi il faut dans les billets payables à ordre ou au porteur, déclarer de quelle nature et valeur on recevra, et le nom de ceux de qui on a reçu; pour se conformer à l'ordonnance du mois de mars 1673.

PROMESSES.

Je soussigné, reconnais avoir en mes mains la somme de   , appartenant à Mme....., qu'elle m'a prié de lui garder; en reconnaissance de quoi et pour sa sûreté, je lui-ai donné la présente, laquelle m'étant rapportée, je lui rendrai ladite somme.   Fait à....   (*Signature.*)

MODÈLES DE QUITTANCES.

Je soussigné J.   , marchand, demeurant à   , reconnais devoir et promets payer à M...., dans six mois de   et pour pareille somme qu'il m'a prêtée en mon besoin.
Fait à   , le   an

QUITTANCE DES ARRÉRAGES POUR RENTES.

Je soussigné, reconnais avoir reçu de M.   la somme de   pour l'année d'arrérage de la rente   qu'il me doit, échue au mois de   dernier; de laquelle somme je tiens quitte mondit sieur ou madite dame pour ladite année.   A   ce   an

Pour fournir lettre de change de pareille somme, il n'y a que deux sortes de billets que l'on appelle de change; pour tous les autres, ils ne sont que de simples promesses d'une autre manière que celle des personnes qui sont dans le commerce.

Quittances de Loyer.

QUITTANCE DE BAIL A FERME.

Je soussigné, propriétaire de...., reconnais avoir reçu du sieur G...., fermier, la somme de..... pour trois ou six mois de loyer échus au...., de ladite ferme qu'il tient de moi, en vertu d'un bail sous seing-privé, en date de...., dont quittance pour solde dudit loyer jusqu'à ce jour, et ce sans préjudice du terme courant.
A   ce   (*Signature.*)

(13)

QUITTANCE DE LOYER DE MAISON.

J'ai reçu de M.... la somme de   , pour le terme de la Saint-Martin à Noël, échu le premier janvier, d'un appartement qu'il tient de moi, dans ma maison, rue Saint-Martin. Dont quittance, ce....

QUITTANCE D'ARGENT PRÊTÉ.

Je soussigné reconnais avoir reçu de M.... la somme de   , que je lui avais prêtée, suivant sa promesse du   que j'ai remise entre ses mains.
Fait à   , le   , l'an

QUITTANCE D'UNE FEMME EN L'ABSENCE DE SON MARI.

Je soussigné, femme   , de lui autorisée, reconnais avoir reçu de M. la somme de   , à compte de celle qu'il doit à mon mari, par sa promesse du   de laquelle somme je promets audit   de lui tenir ou faire tenir compte sur et en déduction de ladite somme de   Au moyen de quoi je lui ai donné la présente.   Fait à   le   an

LETTRE DE VOITURE.

Bordeaux, le   an

Monsieur,
A la garde de Dieu et sous la conduite de M.   , voiturier par terre, je vous envoie un ballot marqué N. N., lequel ayant reçu bien conditionné, vous lui payerez la voiture à raison de   centimes pour chaque   pesant, suivant l'avis de
Votre serviteur, etc.

SOUS-BAIL D'UN PRINCIPAL LOCATAIRE.

Entre nous soussigné, P...., principal locataire d'une maison sise (*désigner le lieu, la rue, le numéro*), appartenant à T.... (*nom du propriétaire*), en vertu d'un bail sous-seing privé ou pardevant notaire, que ce dernier m'a passé le (*la date*), d'une part, et T.... d'autre part, a été convenu ce qui suit, savoir : moi T..... reconnais avoir sous-loué en madite qualité, à R...., pour tout le temps qui reste à courir de ce jour de mon propre bail, qui est de (*énoncer le temps*), les lieux dépendans de ladite maison qui s'en suivent, savoir : (*désigner les lieux*), et ce moyennant.

CONTINUATION DE BAIL.

Entre nous soussignés, etc. (*comme aux autres modèles*) sommes convenus que le bail sous seing-privé de (*désigner l'objet*), fait entre nous le (*la date*), et qui doit expirer le (*la date*), continuera d'avoir un nouveau cours et effet pour le même temps et aux mêmes clauses, charges et conditions que celles qui y sont exprimées, moyennant le même prix pour chacune desdites trois, six ou neuf années, que le preneur s'oblige et promet de payer à moi bailleur, aux termes et ainsi qu'il est porté au bail ci-dessus relaté.
Fait et signé double, à   ce   (*Signatures.*)

CONGÉ VOLONTAIRE.

Entre nous soussignés (*comme aux autres actes*), est convenu que le bail sous seing privé fait entre nous le   d'une maison (*ou autres lieux*) sise à   , au moyen d'un congé que me donne ledit C...., locataire, que j'accepte volontairement et librement, est, et demeure résilié pour le terme de   , auquel jour ledit sieur C.... promet rendre lesdits lieux vides et quittes de toutes réparations locatives.
Fait et signé double, à   ce   (*Signatures.*)

MODÈLES DE PROCURATIONS.

PROCURATION PAR SIMPLE LETTRE.

Pantin, le

Monsieur,

Je vous prie, pour moi et en mon nom, de faire (*désigner dans le plus grand détail toutes choses ou objets de la présente*), et vous donne par la présente tout pouvoir à ce nécessaire.

Je vous promets d'exécuter et accomplir tout ce que vous aurez réglé à cet égard. Ce sera un véritable service que vous me rendrez et pour lequel je vous serai redevable de la plus vive reconnaissance.

Votre tout dévoué, etc. (*Signature.*)

PROCURATION SPÉCIALE OU PARTICULIÈRE.

Je soussigné, A... (*qualité et demeure*) donne par le présent pouvoir à Q...., pour moi et en mon nom (*désigner le motif de la procuration.*)

A   ce (*Signature.*)

PROCURATION POUR RECEVOIR UNE SOMME DUE.

Je soussigné, E... déclare donner pouvoir par la présente procuration à G..., de recevoir pour moi, du sieur V..., la somme de   , qu'il me doit en vertu de (*désigner la cause*), d'en donner reçu, quittance et décharge, et à défaut de paiement, de faire contre lui toutes les poursuites, diligences, oppositions, saisie-arrêt, saisie-exécution, expropriation forcée de biens qu'il croira nécessaires, traduire le sieur   ou tous autres en conciliation devant le tribunal de paix ou de première instance, plaider, transiger, élire domicile, substituer, donner toute main-levée, et généralement faire, pour le recouvrement de ladite somme, tout ce qu'il croira convenable.

Promettant (*comme à la précédente.*) (*Signature.*)

PROCURATION POUR VENDRE.

Je soussigné, etc. (*comme à la précédente*) de vendre avec toute garantie, par acte, sous seing-privé ou par devant notaire, pour le prix et la somme de   francs payable comptant, une maison ou une ferme ou une terre à moi appartenant, en vertu de   , située à   , consistant en   , de donner quittance et décharge de la somme de   à l'acquéreur, et lui faire remise des pièces et titres concernant ladite propriété.

Promettant, etc. (*Comme à la première.*)

PROCURATION D'UN MARI A SA FEMME.

Je soussigné, P... autorise par le présent Q.... mon épouse (*désigner l'objet pour lequel l'autorisation est donnée.*)

A   ce (*Signature.*)

ENGAGEMENT D'APPRENTI.

Entre nous soussignés, A... d'une part;
Et B... d'autre part;
A été convenu ce qui suit:
Moi A.... conviens de prendre en apprentissage chez moi B... fils, âgé de   ans, pour le temps et espace de   ans consécutifs, à partir de ce jour, afin de lui apprendre mon état de   , moyennant la somme de   que le sieur B... s'engage à me payer en quatre paiemens égaux, savoir: présentement   dans   , dans   , dans   , et à condition que le sieur B... logera, nourrira et entretiendra son fils, et que, dans le cas où ledit sieur B... le retirerait de chez moi, où que son fils en sortirait de sa propre volonté avant d'avoir fini le temps de son apprentissage, à moins qu'il ne fût malade ou que ce ne fût pour le service militaire, ledit sieur B... père, non-seulement perdra les sommes par lui payées pour ledit apprentissage, mais encore sera tenu de me payer, par forme d'indemnité, la somme de   , ce que ledit sieur B... a consenti, et m'a payé ladite somme de   dont le présent lui tiendra lieu de quittance.
Fait et signé double, à   ce   (*Signature.*)

POLICE D'OUVRIER.

Entre nous soussignés, O... d'une part;
Et P... d'autre part;
A été convenu ce qui suit, savoir:
Moi P.... m'engage à entrer chez O... en qualité d'ouvrier   , pour y travailler pendant   mois consécutifs, à partir de ce jour, moyennant la somme de   par jour; et dans le cas où je ne resterais pas chez lui pendant le temps ci-dessus fixé, à moins que ce ne fût pour cause de maladie ou de réquisition du gouvernement, je consens qu'il retienne la paie de huit jours de mon travail ou la somme de
Moi O., de mon côté, m'oblige à occuper ledit sieur P. pendant   mois consécutifs, au prix de   par jour, et dont le paiement lui sera fait toutes les semaines; et dans le cas où je congédierais ledit sieur avant la fin du temps fixé, à moins que ce ne fût pour cause d'inconduite, je m'engage à lui payer huit jours de son travail en sus de ce qui pourra lui être dû.
Fait et signé double, à   ce   (*Signatures.*)

Pour corriger un vin aigre ou moisi, qui a pris ce goût dans le tonneau où il est.

Il faut soutirer votre vin dans une futaille bien étuvée et qui ait bonne odeur, et mieux encore dans une autre où il y a eu de l'eau-de-vie. Vous prendrez 40 clous de girofle, un sou de canelle, deux sous de coriandre, le tout concassé; environ une bonne cuillerée à bouche d'iris de Florence. Vous ferez infuser dans un verre d'eau-de-vie près du feu, et mettrez cette composition dans votre tonneau d'une contenance d'environ 150 litres. Au bout de quinze à vingt jours le vin sera meilleur qu'il n'avait jamais été.

CHIFFRES ARABES ET CHIFFRES ROMAINS.

	Ch. arab.	Ch. rom.		Ch. arab.	Ch. rom.
Un	1	I	Trente-deux	32	XXXII
Deux	2	II	Trente-trois	33	XXXIII
Trois	3	III	Trente-quatre	34	XXXIV
Quatre	4	IV	Trente-cinq	35	XXXV
Cinq	5	V	Quarante	40	XL
Six	6	VI	Cinquante	50	L
Sept	7	VII	Soixante	60	LX
Huit	8	VIII	Soixante-dix	70	LXX
Neuf	9	IX	Quatre-vingt	80	LXXX
Dix	10	X	Quatre-vingt-dix	90	XC
Onze	11	XI	Cent	100	C
Douze	12	XII	Deux cents	200	CC
Treize	13	XIII	Trois cents	300	CCC
Quatorze	14	XIV	Quatre cents	400	CD
Quinze	15	XV	Cinq cents	500	D
Seize	16	XVI	Six cents	600	DC
Dix-sept	17	XVII	Sept cents	700	DCC
Dix-huit	18	XVIII	Huit cents	800	DCCC
Dix-neuf	19	XIX	Neuf cents	900	DCD
Vingt	20	XX	Mille	1000	M
Vingt-un	21	XXI	Deux mille	2000	MM
Vingt deux	22	XXII	Dix mille	10000	XM
Vingt-trois	23	XXIII	Vingt mille	20000	XXM
Vingt-quatre	24	XXIV	Cinquante mille	50000	LM
Vingt-cinq	25	XXV	Cent mille	100000	CM
Vingt-six	26	XXVI	Deux cent mille	200000	CCM
Vingt-sept	27	XXVII	Trois cent mille	300000	CCCM
Vingt-huit	28	XXVIII	Quatre cent mille	400000	IVCM
Vingt-neuf	29	XXIX	Cinq cent mille	500000	VCM
Trente	30	XXX	Million	1000000	XCM
Trente-un	31	XXXI			

TABLE DE MULTIPLICATION.

2 f.	2 f.	4	3	8	24	5	5	25	7	7	49	9	12	108
2	3	6	3	9	27	5	6	30	7	8	56	10	10	100
2	4	8	3	10	30	5	7	35	7	9	63	10	11	110
2	5	10	3	11	33	5	8	40	7	10	70	10	12	120
2	6	12	3	12	36	5	9	45	7	11	77			
2	7	14				5	10	50	7	12	81	11	11	121
2	8	16	4	4	16	5	11	55	8	8	64	11	12	132
2	9	18	4	5	20	5	12	60	8	9	72			
2	10	20	4	6	24	6	6	36	8	10	80	12	12	144
2	12	24	4	7	28	6	7	42	8	11	88	13	13	169
3	3	9	4	8	32	6	8	48	8	12	96	14	14	169
3	4	12	4	9	36	6	9	54				15	15	225
3	5	15	4	10	40	6	10	60	9	9	81	16	16	256
3	6	18	4	11	44	6	11	66	9	10	90			
3	7	21	4	12	48	6	12	72	9	11	99			

DE L'ADDITION EN GÉNÉRAL.

L'addition est une opération par laquelle on joint ensemble plusieurs quantités de même espèce, pour en faire un seul nombre que l'on appelle somme ou total.

EXEMPLE.

Une personne doit les trois sommes suivantes :

	482 f.	60 c.
	326	50
	145	30
TOTAL....	954	40
PREUVE.....	111	»»»

DE LA SOUSTRACTION.

La Soustraction est une opération par laquelle on retranche un nombre d'un autre nombre de même espèce, pour connaître de combien le plus grand surpasse le plus petit. Cette différence s'appelle RESTE.

EXEMPLE.

DOIT....	846 f.	40 c.
PAYÉ....	413	30
RESTE...	433	10
PREUVE...	846	40

DE LA MULTIPLICATION.

La Multiplication est une opération par laquelle on répète un nombre appelé MULTIPLICANDE, autant de fois que l'unité est contenue dans un nombre appelé MULTIPLICATEUR, pour avoir un résultat qu'on nomme PRODUIT.

EXEMPLE.

On veut multiplier	5,845 f.	32 c.	PREUVE.	
par	24	15	2,922 f.	66 c.
			48	30
	29,226	60		
	58,453	2	87,679	80
	2,338,128	»»»	2,338,128	»»»
	1,169,064	»»»	1,169,064	»»»
	14,116,447	80	14,116,447	80

DE LA DIVISION.

La Division est une opération par laquelle on cherche combien de fois un nombre qu'on appelle DIVIDENDE, en contient un autre qu'on appelle DIVISEUR, et ce combien de fois se nomme QUOTIENT.

Une personne a destiné une somme de 4,738 fr. pour être divisée à 54.

EXEMPLE.

```
4,738  | 54
       |------
  418    87
   40    378
         432
          40
```

PREUVE. 4,738

DIVISION DU ROYAUME EN 86 DÉPARTEMENS.

1. Le département de l'Ain, ci-devant Bresse, a pour chef-lieu Bourg.
2. de l'Aisne, ci-devant Soissonnais et Vermandois, Laon.
3. de l'Allier, ci-devant Bourbonnais, Moulins.
4. des Hautes-Alpes, ci-devant Dauphiné, Gap.
5. des Basses-Alpes, ci-devant Provence, Digne.
6. de l'Ardèche, ci-devant Vivarais, Privas.
7. des Ardennes, ci-devant Champagne, Mézières.
8. de l'Arriége, ci-devant Couserans et Foix, Foix.
9. de l'Aube, ci-devant Champagne, Troyes.
10. de l'Aude, ci-devant Languedoc, Carcassonne.
11. de l'Aveyron, ci-devant Rouergue, Rodez.
12. des Bouches-du-Rhône, ci-dev. Provence, Marseille.
13. du Calvados, ci-devant Normandie, Caen.
14. du Cantal, ci-devant Auvergne, Aurillac.
15. de la Charente, ci-devant Angoumois, Angoulême.
16. de la Charente-Inférieure, ci-devant Aunis, Saintes.
17. du Cher, ci-devant Berry, Bourges.
18. de la Corrèze, ci-devant Limousin, Tulle.
19. de l'Ile-de-Corse, Ajaccio.
20. de la Côte-d'Or, ci-devant Bourgogne, Dijon.
21. des Côtes-du-Nord, ci-devant Bretagne, St.-Brieuc.
22. de la Creuse, ci-devant Marche, Guéret.
23. de la Dordogne, ci-devant Périgord, Périgueux.
24. de Doubs, ci-devant Franche-Comté, Besançon.
25. de la Drôme, ci-devant Dauphiné, Valence.
26. de l'Eure, ci-devant Normandie, Evreux.
27. d'Eure-et-Loir, ci-devant Beauce, Chartres.
28. du Finistère, ci-devant Bretagne, Quimper.
29. du Gard, ci-devant Languedoc, Nîmes.
30. de la Hte-Garonne, ci-devant Languedoc, Toulouse.
31. du Gers, ci-devant Gascogne, Auch.
32. de la Gironde, ci-devant Guienne, Bordeaux.
33. de l'Hérault, ci-devant Languedoc, Montpellier.
34. d'Ile-et-Vilaine, ci-devant Bretagne, Rennes.
35. de l'Indre, ci-devant Berry, Châteauroux.
36. d'Indre-et-Loire, ci-devant Tourraine, Tours.
37. de l'Isère, ci-devant Dauphiné, Grenoble.
38. du Jura, ci-devant Franche-Comté, Lons-le-Saulnier.
39. de Landes, ci-devant Guienne, Mont-de-Marsan.
40. de la Loire, ci-devant Forez, Montbrison.

41. de Loir-et-Cher, ci-devant Blaisois, Blois.
42. de la Haute-Loire, ci-devant Velay, le Puy.
43. de la Loire-Inférieure, ci-devant Bretagne, Nantes.
44. du Loiret, ci-devant Orléanais, Orléans.
45. du Lot, ci-devant Querey, Cahors.
46. de Lot-et-Garonne, ci-devant Guienne, Agen.
47. de la Lozère, ci-devant Gévaudan, Mende.
48. de la Manche, ci-devant Normandie, Saint-Lô.
49. de la Marne, ci-devant Champagne, Châlons.
50. de la Haute-Marne, Chaumont..
51. de la Mayenne, ci-devant Maine, Laval.
52. de Maine-et-Loire, ci-devant Anjou, Angers.
53. de la Meurthe, ci-devant Lorraine, Nancy.
54. de la Meuse, ci-devant Lorraine, Bar-le-duc.
55. du Morbihan, ci-devant Bretagne, Vannes.
56. de la Moselle, ci-devant Lorraine, Metz.
57. de la Nièvre, ci-devant Nivernais, Nevers.
58. du Nord, ci-devant Flandre, Lille.
59. de l'Oise, ci-devant Ile-de-France, Beauvais.
60. de l'Orne, ci-devant Normandie, Alençon.
61. du Pas-de-Calais, ci-devant Artois, Arras,
62. du Puy-de-Dôme, ci-devant Auvergne, Clermont.
63. des Hautes-Pyrénées, ci-devant Bigorre, Tarbes.
64. des Basses-Pyrénées, ci-devant Bearn, Pau.
65. des Pyrénées-Orientales, le Roussillon, Perpignan.
66. du Haut Rhin, ci-devant Alsace, Colmar.
67. du Bas-Rhin, ci-devant Alsace, Strasbourg.
68. du Rhône, ci-devant Lyonnais, Beaujolais, Lyon.
69. de la Hte-Saône, ci-devant Franche-Comté, Vesoul.
70. de Saône-et-Loire, ci-devant Bourgogne, Mâcon.
71. de la Sarthe, ci-devant le Maine, le Mans.
72. de la Seine, Paris.
73. de Seine-et-Oise, Versailles.
74. de la Seine-Inférieure, ci-dev. Normandie, Rouen.
75. de Seine et-Marne, ci-devant Brie, Melun.
76. des Deux-Sevres, ci devant Poitou, Niort.
77. de la Somme, ci-devant Picardie, Amiens.
78. du Tarn, ci-devant Languedoc, Albi.
79. de Tarn-et-Garonne, Montauban.
80. du Var, ci-devant Provence, Draguignan.
81. de Vaucluse, ci-devant Comtat-Vénaissin, Avignon.
82. de la Vendée, ci-devant Poitou, Bourbon-Vendée.
83. de la Vienne, ci devant Poitou, Poitiers.
84. de la Haute-Vienne, Limoges.
85. des Vosges, ci-devant Lorraine, Epinal.
86. de l'Yonne, ci-devant Bourgogne, Auxerre.

TENUE DES LIVRES.

EN PARTIE SIMPLE.

La tenue des livres en partie simple consiste en de simples notes, destinées à suppléer au défaut de la mémoire. Elle fait seulement connaître au négociant ce qu'il doit à chacun, et ce que chacun lui doit.

Il n'est besoin de faire aucune étude pour tenir ces sortes d'écritures ; il suffit d'exposer les faits dans toute leur simplicité, sur les livres qui les concernent.

Pour ces écritures, on fait usage de *trois* livres principaux, comme pour les parties doubles, mais on les emploie d'une manière bien différente.

Ces livres sont : *le Brouillard*, *le Journal*, *le Grand Livre*.

1°. DU BROUILLARD. — Le brouillard, ou main courante, sert de base au journal. On y inscrit, jour par jour, à mesure qu'elles ont lieu, toutes les opérations de commerce, chacune dans un article séparé.

Le brouillard est le même pour la partie simple et les parties doubles ; nous le décrirons en parlant de ces dernières.

2°. DU JOURNAL. — Le journal n'a pour objet que de donner le détail des affaires à terme ; du reste, il est la copie au net du brouillard.

On transporte sur ce livre tous les articles du brouillard qui relatent des affaires à terme, exprimant les faits en termes clairs et concis.

On commence l'article par cette formule écrite en gros caractères.

DOIT TEL. . . . .
AVOIR TEL. . . . .

A la suite, on écrit en caractères ordinaires fr..... pour.....(détail de l'opération), et à l'extrémité de la ligne, on sort dans une colonne à ce destinée, la somme qu'on a énoncée en commençant l'article.

Chacun de ces articles doit être séparé, et porter en tête sa date.

(Voyez le modèle dans la 2me partie ; on y a passé les quatre premiers articles du brouillard.)

Nous venons de dire qu'on ne reporte sur le journal que les articles du brouillard qui relatent des affaires à terme. Cela est vrai : on se borne à prendre note de tous les autres sur les livres auxiliaires.

On note les ventes et les achats au comptant sur *le livre de caisse* (*).

Si l'on fait une vente contre un billet, on se borne à noter ce billet au livre d'*Effets à recevoir*.

Si l'on fait des échanges de marchandises, on en prend note seulement au livre de *magasin*.

3°. DU GRAND-LIVRE. Le grand-livre est le livre de comptes courans ; on y ouvre un compte à chaque individu avec lequel on fait des affaires à terme.

Au débit on porte toutes les ventes à terme qu'on lui a faites, au crédit tous les paiemens qu'il fait.

Dans ce livre, chaque article doit tenir une seule ligne qui renferme la date, l'exposé de l'opération en termes clairs et concis, la somme et la page du journal où l'affaire est détaillée.

Les comptes du grand-livre sont tous entièrement extraits du journal : porter les écritures du journal au grand-livre, cela s'appelle *reporter* au grand-livre.

Ce livre est toujours accompagné d'un *répertoire*. Le répertoire est un tableau, par ordre alphabétique, des personnes avec lesquelles on fait des affaires, indiquant le folio du grand-livre où leur compte est inscrit.

Quand on veut transporter au grand-livre, on cherche successivement dans le répertoire le folio de chaque compte, on écrit ce folio au journal, en marge et sur la même ligne que le nom du compte.

Puis, prenant chaque article en particulier, on cherche, à l'aide du folio qu'on a placé en marge, le compte du grand-livre qui le concerne. Ce compte trouvé, on place la date de l'affaire dans deux colonnes à ce destinées ; dans l'une l'année et

---

(*) On peut aussi, et cela se pratique souvent, porter ces sortes de ventes aux DÉBITEURS DIVERS, ou à compte particulier, pour conserver sous ses yeux le souvenir de l'opération.

le mois, dans l'autre le jour; on écrit à la suite, d'une manière précise, l'énoncé de cette affaire ; puis, dans la colonne qui suit le folio du journal qui renferme l'article, et dans les deux dernières colonnes les francs et les centimes qui composent la somme. Cela fait, on tire une ligne, ou l'on fait un point très-apparent au journal, à côté du folio du compte, pour indiquer que l'article est porté au grand-livre.

Indépendamment de ces trois livres principaux, on fait usage de *livres auxiliaires*, dont le nombre et la destination varient suivant l'étendue et la nature des opérations commerciales.

La matière de ces livres est tout entière tirée du brouillard. Comme ils sont les mêmes pour la partie simple que pour la partie double, nous n'en ferons qu'une seule description que nous placerons plus loin.

Ces livres sont : *le livre de caisse, le carnet d'échéances, le livre de ventes, le livre d'achats, le livre d'inventaires, le copie de lettres*. On remplace souvent le livre de ventes et le livre d'achats par le *livre de magasin*.

Nous bornerons ici les principes sur les écritures en partie simple, d'abord parce qu'ils n'exigent pas d'étude, en second lieu parce que les négocians qui tiennent leurs écritures en partie simple, les tiennent ainsi négligemment, par un vice inhérent à leur nature, et que leur proposer un système méthodique serait perdre sa peine et les importuner.

MODÈLE DU JOURNAL EN PARTIE SIMPLE. *

Journal commencé le 1ᵉʳ janvier 1840.

Fol. 1.

	— Du 2 janvier 1840. —		
1.	DOIT VOISIN, du Hâvre, fr. 250. Pour une barrique d'huile à lui vendue, pesant 100 kil. à fr. 2 50.	250	» »
	— Du 5. —		
1.	AVOIR SICARD, du Hâvre, fr. 10,000. Pour 10 pièces de vin de Bordeaux à lui achetées à fr. 1,000 chacune.	40000	» »
	— Du 6. —		
1.	AVOIR PICARD, du Hâvre, fr. 700. Pour 5 tonneaux de vin de Bordeaux à lui achetées à fr. 800 chacun, ensemble 4,000 fr., sur lesquels je lui ai remis à compte mon billet à son ordre, payable fin avril, de fr. 3,000 et fr. 300 en espèces, reste dû à Picard....................	700	» »
	— Du 9. —		
2.	DOIT OSCARD, de Paris, fr. 100. Pour une barrique d'huile à lui vendue, pesant 100 k., à fr. 2 50, sur lesquels il m'a remis à compte un billet Magneux, de Strasbourg, à son ordre, fr. 100, payable fin avril, et 50 fr. esp.........	100	««

(*) Nous ne passerons ici écritures que de quelques articles du brouillard ; ils suffiront pour faire comprendre le principe de la partie simple.

MODÈLE DU GRAND LIVRE EN PARTIE SIMPLE.

1840 Janvier 2.	DOIT VOISIN, 1 barrique d'huile.	1	250	» »		DU HAVRE, AVOIR :			
	DOIT SICARD,				1840 Janvier 3.	DU HAVRE, AVOIR : 10 pièces de vin de Bordeaux..	1	1000	» »
	DOIT PICARD,				1840 Janvier 6.	DU HAVRE, AVOIR : A lui dû sur sa facture de ce jour.	1	700	» »
1840 Janvier 9.	DOIT OSCARD, sur 1 barrique d'huile pour solde	1	400	« «		DE PARIS, AVOIR :			

MÉTHODE NOUVELLE.

DOIT SIMÉON, de Lyon, son compte courant et d'intérêt à 6 pour cent l'an, chez Ménageot, de Paris, réglé le 31 décembre 1840. — AVOIR.

(1) 1840	(2)			(3)	(4)	(5)	(1) 1840	(2)			(3)	(4)	(5)
Juin 30	5000	» »	Solde ancien, valeur.	Juin 30	»	»	Juillet 15	10000	» »	Sa facture du 12 courant, valeur........	Juillet 12.	42	420000
Août 15	-8500	» »	Ma facture de ce jour.	Août 15	46	404800	Septemb. 30	2000	» »	Sa remise en espèces. .	Septemb. 30	92	184000
Septemb. 1	6800	» »	Ma remise en espèces.	Septemb. 1	62	409500	Décemb. 25	1000	» »	Sa remise sur Simon...	Janvier 20.	204	204000
Novemb. 15	2000	» »	Ma remise en Turpin.	Janvier 15	199	398000		13000	» »				
	467	80	{ Intérêt par balance des nombres.... }	....		1006900	Décemb. 31	9467	80	9300, solde brut.... Solde en ma faveur..		184	1711200
	22467	80				2219200		22467	80				2219200
Décemb. 31	9467	80	Solde à nouveau, val.	Décemb. 31									

(1) Date du jour où l'on a passé écriture de l'opération. (2) Valeurs reçues. (3) Date de laquelle partent les intérêts. (4) Nombre des jours compris entre le jour où commence l'intérêt et celui de l'arrêté de compte. (5) Résultat de la somme multipliée par le nombre de jours.

MODÈLE DU LIVRE DE CAISSE.

DOIT		CAISSE				AVOIR.	
1840				1840			
Février	1	Reste en caisse....................	10125 50	Février	1	Payé mon billet, ordre Jean, n° 9..........	600 » »
	2	Reçu de Simon, à compte............	200 » »		2	Achat de 1 pièce de drap................	150 » »
	3	Vente au comptant d'une barrique de vin de Bordeaux........................	600 » »		3	Payé à Lucas, pour solde................	200 » »
	4	Reçu d'André, pour solde............	785 35		4	Réparations de bureau	150 65
	5	Encaissé le billet Thomas, n° 7.......	986 20				1100 65
	8	Reçu à compte de Lucien	300 » »			Pour balance, reste en caisse............	86 40
			12997 »				12997 05

MODÈLE DE CARNET D'ÉCHÉANCES.

Février 1840.				A RECEVOIR.			Février 1840.				A PAYER.	
1839							1839					
Déc.	2	N° 7. Billet Bonin, ordre Bontemps, au.	28	Encaissé.	2060	20	Nov.	2	Mon billet, ordre Monin, au........	15	Acquit.	750 25
	15	N° 11. Billet Onin, ordre Molard, au.	13	Négocié.	2800	05	Déc.	15	Mon billet, ordre Cuny, au	17	Rentré.	2347 10
1840							1840					
Janv.	2	N° 18. Billet Thomas, ordre Lucas, au.	27	Encaissé.	4507	» »	Janv.	3	Mon billet, ordre Colin, au	28	Acquit.	5208 05

MODÈLE DU LIVRE DE MAGASIN.

1840						1840				
Février	2	N° 1. 1 pièce de drap bleu.	Mètres.	20		Févr.	25	Vendu à Tronebard........	Mètres.	20
	4	N° 2. 1 caisse de savon.	Kil.	100		«		....		» »
	5	N° 3. 1 caisse de sucre.	Kil.	150			27	Vendu à Canet...........	kilog.	150
	7	N° 4. 1 pièce de mousseline.	Mètres	22 1/2			26	Vendu au comptant.......	Mètres.	22 1/2
	9	N° 5. 1 caisse de vin de Malaga.	Bouteilles.	50		«		....		» »

DES FOIRES.

La maison qui envoie des marchandises en foire doit ouvrir un compte à la foire ; débiter ce compte de tout ce qu'il y renvoie, et le créditer de tout ce qu'il en reçoit.

La personne chargée de la foire doit tenir des écritures régulières ; elle doit avoir un journal et un grand-livre, pour y enregistrer toutes ses opérations.

De quelques livres auxiliaires.

Du livre de caisse.

Le livre de caisse, comme les comptes du grand-livre, est tenu par débit et par crédit. Au débit on inscrit toutes les sommes reçues, au crédit toutes celles que l'on paie.

Lorsque l'on veut solder le compte de caisse, on additionne toutes les sommes du débit et toutes celles du crédit, on prend la différence des deux totaux, et l'excédant du débit sur le crédit donne exactement la somme qui doit se trouver en caisse.

Du livre de magasin.

L'objet de ce livre est d'enregistrer les marchandises à leur entrée et à leur sortie, et d'éviter qu'on puisse en dérober.

Sur une page on inscrit les marchandises à leur entrée avec un numéro d'ordre et leur désignation exacte, et sur la page en regard, on les inscrit encore à leur sortie.

Ce livre doit faire connaître la date de l'achat, et, à la sortie, la date de la vente et le nom de l'acheteur.

Du carnet d'échéances.

Le carnet d'échéances sert à enregistrer les billets dont on doit recevoir le montant, comme aussi ceux que l'on doit payer.

Chaque billet doit être inscrit au mois de son échéance : on doit y faire connaître sa date, le numéro qu'il porte au grand-livre, le souscripteur, celui au profit duquel il est souscrit, son échéance et la somme. A mesure que ces billets seront payés on l'indique par une observation dans une colonne destinée à cet effet.

www.ingramcontent.com/pod-product-compliance
Lightning Source LLC
Chambersburg PA
CBHW060859050426
42453CB00011B/2038